AF221991

Impressum
Verlag: BABADADA GmbH, Nedderfeld 112 , 22529 Hamburg
Geschäftsführer / Verlagsleitung: Harald Hof
Druck: Books on Demand GmbH, In de Tarpen 42, 22848 Norderstedt

Imprint
Publisher: BABADADA GmbH, Nedderfeld 112 , 22529 Hamburg, Germany
Managing Director / Publishing direction: Harald Hof
Print: Books on Demand GmbH, In de Tarpen 42, 22848 Norderstedt, Germany

școală
学校

a împărți
除

186/2

tablă
黑板

sală de clasă
教室

curte a școlii
校园

profesor
老师

hârtie
纸

a scrie
书写

instrument de scris
钢笔

masă de birou
办公桌

riglă
直尺

carte
书

elev
学生

ghiozdan

书包

penar

铅笔盒

creion

铅笔

ascuțitoare

卷笔刀

radieră

橡皮擦

bloc de desen

画板

desen

图画

pensulă

画笔

cutie de acuarele

颜料盒

foarfece

剪刀

lipici

胶水

caiet de exerciții

练习册

temă

家庭作业

număr

数字

a aduna

加

a scădea

减

a multiplica

乘

a calcula

计算

literă

字母

ABCDEFG
HIJKLMN
OPQRSTU
VWXYZ

alfabet

字母表

cuvânt

字

text

课文

a citi

读

cretă

粉笔

oră

上课

catalog

登记

examen

考试

certificat

证书

uniformă școlară

校服

educație

教育

enciclopedie

百科全书

universitate

大学

microscop

显微镜

hartă

地图

coș de gunoi

废纸筐

hotel
酒店

hostel
青年旅社

casă de schimb valutar
外币兑换处

valiză
手提箱

autovehicul
汽车

limbă

语言

da/nu

是/否

okay

好的

Bună!

您好

interpret

翻译员

mulțumesc

谢谢

Cât costă…?

……多少钱？

Nu înțeleg

我不明白

problemă

问题

Bună seara!

晚上好！

Bună dimineața!

早上好！

Noapte bună!

晚安！

la revedere

再见

direcție

方向

bagaj

行李

geantă

包

rucsac

双肩包

oaspete

客人

cameră

房间

sac de dormit

睡袋

cort

帐篷

unct de informare turistică

旅游信息

plajă

海滩

carte de credit

信用卡

mic dejun

早餐

masa de prânz

午餐

cină

晚餐

bilet de călătorie

票

lift

电梯

timbru poștal

邮票

graniță

边界

vamă

海关

ambasadă

大使馆

viză

签证

pașaport

护照

călătorie - 旅行

transport
交通运输

avion
飞机

vas
船

mașină de pompieri
消防车

autobuz
公交车

camion
卡车

șalupă
汽艇

bicicletă
自行车

autovehicul
汽车

feribot

摆渡船

barcă

小船

motocicletă

摩托车

mașină de poliție

警车

mașină de curse

赛车

mașină închiriată

租车

car sharing

拼车

mașină de tractat

拖车

mașină de gunoi

垃圾车

motor

发动机

combustibil

汽油

benzinărie

加油站

semn de circulație

交通标志

trafic

交通

ambuteiaj

交通堵塞

parcare

停车场

gară

火车站

șine

轨道

tren

火车

tramvai

电车

vagon

货车

elicopter

直升机

aeroport

机场

turn

塔

pasager

乘客

container

集装箱

carton

纸板箱

căruță

手推车

coş

篮子

a decola/a ateriza

起飞/降落

oraș

城市

sat

村庄

centru

市中心

casă

房子

cinematograf
电影院

publicitate
广告

felinar
路灯

CINEMA

stradă
街道

taxi
出租车

chioşc
小吃店

pieton
行人

trotuar
人行道

intersecţie
十字路口

zebră
斑马线

pubelă
垃圾箱

semafor
红绿灯

cabană

小屋

apartament

公寓

gară

火车站

primărie

市政厅

muzeu

博物馆

şcoală

学校

universitate

大学

bancă

银行

spital

医院

hotel

酒店

farmacie

药房

birou

办公室

librărie

书店

magazin

商店

florărie

花店

supermarket

超市

piață

市场

magazin universal

百货商店

comerciant de pește

鱼店

centru comercial

购物中心

port

海港

parc

公园

bancă

长凳

pod

桥

trepte

楼梯

metrou

地铁

tunel

隧道

staţie de autobuz

公交车站

bar

酒吧

restaurant

餐馆

cutie poştală

邮筒

tăbliţă indicatoare cu
numele străzii

路标

parcometru

停车计时器

grădină zoologică

动物园

piscină

游泳馆

moschee

清真寺

gospodărie țărănească

农场

poluare

污染

cimitir

墓地

biserică

教堂

loc de joacă

操场

templu

寺庙

peisaj

地形

frunză
树叶

indicator
指示牌

drum
路

pajiște
草地

piatră
石头

copac
树

drumeț
徒步旅行者

râu
河

iarbă
草

floare
花

vale

峡谷

deal

山

lac

湖

pădure

森林

deșert

沙漠

vulcan

火山

castel

城堡

curcubeu

彩虹

ciupercă

蘑菇

palmier

棕榈树

țânțar

蚊子

muscă

苍蝇

furnică

蚂蚁

albină

蜜蜂

păianjen

蜘蛛

gândac

甲虫

broască

青蛙

veveriță

松鼠

arici

刺猬

iepure

野兔

bufniță

猫头鹰

pasăre

鸟

lebădă

天鹅

porc mistreț

野猪

cerb

鹿

elan

麋鹿

dig

水坝

turbină eoliană

风力发电机

panou solar

太阳能电池板

climă

气候

chelnăr
服务员

meniu
菜单

scaun
椅子

supă
汤

pizza
披萨饼

tacâmuri
餐具

faţă de masă
桌布

antreu

前菜

fel principal

主菜

desert

甜点

băuturi

饮料

mâncare

食物

sticlă

瓶子

fastfood

快餐

streetfood

街边小吃

ceainic

茶壶

zaharniță

糖盒

porţie

一份饭菜

espressor

意式咖啡机

scaun înalt (pentru copii)

高脚椅

factură

账单

tavă

托盘

cuţit

刀

furculiță

餐叉

lingură

勺子

linguriță

茶匙

şerveţel

餐巾

pahar

玻璃杯

farfurie

碟子

farfurie de supă

汤盘

farfurie

碟子

sos

酱

solniță

盐瓶

râșniță de piper

胡椒磨

oțet

醋

ulei

食用油

condimente

调味料

ketchup

番茄酱

muștar

芥末

maioneză

蛋黄酱

ofertă
特价

client
顾客

produse lactate
乳制品

fructe
水果

cărucior de cumpărături
购物车

măcelărie

肉铺

brutărie

面包房

a cântări

称重

legume

蔬菜

carne

肉

alimente refrigerate

冷冻食品

ezeluri și brânzeturi feliate

冷盘

conserve

罐头食品

detergent

洗衣粉

dulciuri

甜食

articole de menaj

日用品

produse de curățenie

清洁用品

vânzătoare

销售员

casă

收银机

casier

收银员

listă de cumpărături

购物清单

orar

开放时间

portmoneu

钱包

carte de credit

信用卡

geantă

袋子

pungă de plastic

塑料袋

apă

水

suc

果汁

lapte

牛奶

cola

可乐

vin

红酒

bere

啤酒

alcool

酒

cacao

可可

ceai

茶

cafea

咖啡

espresso

意式浓缩咖啡

cappucino

卡布奇诺

banane

香蕉

măr

苹果

portocală

橙子

pepene

西瓜

lămâie

柠檬

morcov

胡萝卜

usturoi

大蒜

bambus

竹子

ceapă

洋葱

ciupercă

蘑菇

nuci

坚果

paste făinoase

面条

spagheti

意大利面条

orez

米饭

salată

沙拉

cartofi prăjiți

薯条

cartofi țărănești

炸土豆

pizza

披萨饼

hamburger

汉堡包

sandwich

三明治

șnițel

炸猪排

șuncă

火腿

salam

萨拉米

cârnați

香肠

pui

鸡肉

friptură

烤肉

pește

鱼

fulgi de ovăz

燕麦片

musli

穆兹利

cereale

玉米片

făină

面粉

corn

羊角面包

chifle

面包卷

pâine

面包

pâine prăjită

烤面包

biscuiți

饼干

unt

黄油

brânză de vaci

凝乳

prăjitură

蛋糕

ou

蛋

ouă ochiuri

煎蛋

brânză

奶酪

îngheţată

冰激凌

zahăr

糖

miere

蜂蜜

marmeladă

果酱

cremă nuga

巧克力酱

curry

咖喱饭

casă țărănească
农舍

balot de paie
稻草捆

șură
粮仓

câmp
田野

cal
马

remorcă
拖车

mânz
马驹

tractor
拖拉机

măgar
驴

miel
羔羊

oaie
羊

capră

山羊

vacă

奶牛

vițel

牛犊

porc

猪

purcel

小猪

taur

公牛

găină

鹅

rață

鸭

pui

小鸡

găină

母鸡

cocoș

公鸡

șobolan

鼠

pisică

猫

șoarece

老鼠

bou

牛

câine

狗

cușcă

狗屋

furtun de grădină

花园浇水软管

stropitoare

洒水壶

coasă

长柄大镰刀

plug

犁

seceră

镰刀

sapă

锄头

furcă

长柄草耙

secure

斧头

roabă

独轮手推车

troacă

饲料槽

cană pentru lapte

牛奶罐

sac

麻布袋

gard

栅栏

grajd

马厩

seră

温室

sol

土壤

sămânță

种子

fertilizator

肥料

combină de treierat

联合收割机

a culege

收割

recoltă

收割

cartof yam

山药

grâu

小麦

soia

大豆

cartof

土豆

porumb

玉米

rapiță

油菜籽

pom fructifer

果树

manioc

树薯

cereale

谷物

horn
烟囱

acoperiș
屋顶

scoc
落水管

geam
窗户

garaj
车库

sonerie
门铃

ușă
门

coș de gunoi
垃圾桶

cutie poștală
信箱

grădină
花园

cameră de zi

客厅

baie

浴室

bucătărie

厨房

dormitor

卧室

camera copiilor

儿童房

sufragerie

餐厅

podea

地板

perete

墙壁

tavan

吊顶

pivniță

地窖

saună

桑拿

balcon

阳台

terasă

露台

piscină

游泳池

mașină de tuns iarba

割草机

cearșaf

被单

cuvertură

床罩

pat

床

mătură

扫帚

găleată

水桶

întrerupător

开关

tapet
壁纸

pictură
照片

lampă
台灯

raft
搁架

dulap
橱柜

televizor
电视机

șemineu
壁炉

floare
花

pernă
垫子

sofa
沙发

vază
花瓶

telecomandă
遥控器

covor

地毯

perdea

窗帘

masă

餐桌

scaun

椅子

balansoar

摇椅

fotoliu

扶手椅

carte

书

pătură

毯子

decoraţiune

装饰品

lemn de foc

木柴

film

电影

instalaţie stereo

高保真音响

cheie

钥匙

ziar

报纸

desen

油画

poster

海报

radio

收音机

caiet de notiţe

笔记本

aspirator

吸尘器

cactus

仙人掌

lumânare

蜡烛

cuptor cu microunde
微波炉

frigider
冰箱

cântar de bucătărie
厨房秤

prăjitor de pâine
烤面包机

detergent
洗洁精

răcitor
冰柜

cuptor
烤箱

coș de gunoi
垃圾桶

mașină de spălat vase
洗碗机

cuptor

炊具

oală

锅

oală de metal

铸铁锅

wok/kadai

炒锅

tigaie

平底锅

ceainic

水壶

oală de gătit cu aburi

蒸锅

tavă de copt

烤盘

veselă

陶瓷锅

pahar

马克杯

bol

碗

bețișoare

筷子

polonic

长柄勺

spatulă

铲子

tel

搅拌器

sită

滤网

sită

筛子

răzătoare

磨碎机

mojar

研钵

grătar

烧烤

loc pentru grătar

明火

tocător

菜板

sucitor

擀面杖

tirbușon

开瓶器

conservă

罐子

deschizător de conserve

开罐器

șervete termice

隔热手套

chiuvetă

水槽

perie

刷子

burete

海绵

mixer

搅拌机

ladă frigorifică

冷藏箱

biberon

奶瓶

robinet

水龙头

încălzire
供暖设备

duș
淋浴

prosop
毛巾

perdea de duș
浴帘

baie cu spumă
泡沫浴

cadă
浴缸

pahar
玻璃杯

mașină de spălat
洗衣机

robinet
水龙头

gresie
瓷砖

oală de noapte
便壶

chiuvetă
水槽

toaletă

厕所

toaletă turcească

蹲便器

bideu

坐浴器

pisoir

小便池

hârtie igienică

厕纸

perie de toaletă

马桶刷

periuță de dinți

牙刷

pastă de dinți

牙膏

ață dentară

牙线

a spăla

洗

cap de duș

手持式喷淋头

duș intim

冲洗器

lavoar

洗脸盆

perie pentru spate

擦背刷

săpun

肥皂

gel de duș

沐浴露

șampon

洗发水

cârpă de spălat

法兰绒

scurgere

排水

cremă

乳霜

deodorant

除臭剂

oglindă

镜子

oglindă cosmetică

手镜

aparat de ras

剃须刀

spumă de ras

剃须泡沫

aftershave

须后水

pieptene

梳子

perie

刷子

uscător de păr

吹风机

fixator

喷发定型剂

machiaj

化妆品

ruj

唇膏

lac de unghii

指甲油

vată

化妆棉

foarfece de unghii

指甲剪

parfum

香水

neseser

洗漱包

taburet

凳子

cântar

计重秤

halat de baie

浴袍

mănuși de cauciuc

橡胶手套

tampon

卫生棉条

tampon

卫生巾

toaletă chimică

化学厕所

camera copiilor
儿童房

ceas deșteptător
闹钟

jucărie de pluș
毛绒玩具

mașină de jucărie
玩具车

casă de păpuși
玩具屋

cadou
礼物

morișcă
拨浪鼓

balon

气球

pat

床

cărucior de copii

（洋娃娃用）婴儿车

joc de cărți

扑克牌

puzzle

拼图

revistă de benzi desenate

漫画

cuburi lego

乐高积木

piese pentru construcţii

积木玩具

personaj din filmele de acţiune

玩具人

body

婴儿服

frisbee

飞盘

mobil

床铃玩具

joc de societate

棋盘游戏

zar

骰子

set trenuleţ de jucărie

火车模型

suzetă

安抚奶嘴

petrecere

聚会

carte cu poze

绘本

minge

球

păpuşă

洋娃娃

a se juca

玩

groapă de nisip

沙坑

leagăn

秋千

jucării

玩具

consolă video

游戏机

tricicletă

三轮车

ursuleț

泰迪熊

dulap

衣柜

îmbrăcăminte

衣服

șosete

袜子

ciorapi

长袜

dres

紧身裤

şal
围巾

umbrelă
雨伞

tricou
T恤

curea
皮带

cizme
靴子

papuci
拖鞋

pantofi sport
运动鞋

sandale

凉鞋

încălțăminte

鞋

cizme de cauciuc

雨靴

chilot

内裤

sutien

胸罩

maiou

背心

body

身体

pantaloni

裤子

blugi

牛仔裤

fustă

短裙

bluză

女式衬衫

cămaşă

衬衫

pulover

套头衫

jerseu

卫衣

sacou

西装夹克

jachetă

夹克

palton

外套

pelerină de ploaie

雨衣

costum

套装

rochie

连衣裙

rochie de mireasă

婚纱

costum

西装

cămașă de noapte

睡袍

pijama

睡衣

sari

莎丽

batic

头巾

turban

包头巾

burka

波卡

caftan

卡夫坦

abaya

(阿拉伯式)长袍

costum de baie

泳衣

șort

男式泳裤

pantaloni scurți

短裤

trening

运动服

șorț

围裙

mănuși

手套

îmbrăcăminte - 衣服

nasture

纽扣

ochelari

眼镜

brăţară

手链

lanţ

项链

inel

戒指

cercel

耳环

căciulă

便帽

umeraş

衣架

pălărie

帽子

cravată

领带

fermoar

拉链

cască

头盔

bretele

背带

uniformă şcolară

校服

uniformă

制服

bavețică

围兜

suzetă

安抚奶嘴

scutec

尿不湿

birou

办公室

server
服务器

dulap de acte
文件柜

imprimantă
打印机

monitor
显示屏

hârtie
纸

masă de birou
办公桌

mouse
鼠标

fișier
文件夹

tastatură
键盘

coș de gunoi
废纸筐

computer
电脑

scaun
椅子

ceașcă de cafea

咖啡杯

calculator

计算器

internet

因特网

laptop

笔记本电脑

scrisoare

信件

mesaj

消息

telefon mobil

手机

rețea

网络

copiator

复印机

software

软件

telefon

电话

priză

插座

fax

传真机

formular

表格

document

文件

a cumpăra

买

a plăti

付钱

a face comerț

交易

bani

现金

Dolar

美元

Euro

欧元

Yen

日元

Rublă

卢布

Franc Elvețian

瑞士法郎

renminbi yuan

人民币

Rupie

卢比

bancomat

提款处

casă de schimb valutar

外币兑换处

aur

金

argint

银

petrol

石油

energie

能源

preț

价格

contract

合同

impozit

税金

acțiune

股票

a munci

工作

angajat

职员

angajator

老板

fabrică

工厂

magazin

商店

polițist
警官

pompier
消防员

pilot
飞行员

medic
医生

bucătar
厨师

grădinar

园丁

tâmplar

木匠

cusătoreasă

裁缝

judecător

法官

chimist

化学家

actor

演员

șofer de autobuz

公交车司机

șofer de taxi

出租车司机

pescar

渔夫

femeie de serviciu

清洁女工

tinichigiu

屋顶工

chelnăr

服务员

vânător

猎人

pictor

画家

brutar

面包师

electrician

电工

muncitor în construcții

建筑工人

inginer

工程师

măcelar

屠夫

instalator

水管工

poștaș

邮递员

soldat

士兵

arhitect

建筑师

casier

收银员

florar

花农

frizer

理发师

controlor

售票员

mecanic

机械师

căpitan

船长

stomatolog

牙医

om de știință

科学家

rabin

拉比

imam

伊玛目

călugăr

和尚

preot

牧师

instrumente

工具

ciocan
铁锤

cleşte
钳子

şurubelniţă
螺丝刀

cheie
扳手

lanternă
手电筒

excavator

挖掘机

cutie de scule

工具箱

scară

梯子

ferăstrău

锯子

cuie

钉子

burghiu

钻机

a repara
修

lopată
铲子

La naiba!
靠！

făraș
簸箕

vas pentru vopsea
油漆桶

șuruburi
螺丝

instrumente muzicale
乐器

difuzor
扬声器

set tobe
打击乐器

contrabas
低音提琴

trompetă
小号

chitară
吉他

pian

钢琴

vioară

小提琴

bas

贝斯

trombon

定音鼓

tobă

鼓

keyboard

电子琴

saxofon

萨克斯管

fluier

长笛

microfon

麦克风

tigru
老虎

intrare
入口

cuşcă
笼子

zebră
斑马

mâncare pentru animale
动物饲料

panda
熊猫

animale
动物

elefant
大象

cangur
袋鼠

rinocer
犀牛

gorilă
大猩猩

urs
熊

cămilă

骆驼

struț

鸵鸟

leu

狮子

maimuță

猴子

flamingo

火烈鸟

papagal

鹦鹉

urs polar

北极熊

pinguin

企鹅

rechin

鲨鱼

păun

孔雀

șarpe

蛇

crocodil

鳄鱼

îngrijitor grădina zoologică

动物园管理员

focă

海豹

jaguar

美洲豹

ponei

矮种马

leopard

豹

hipopotam

河马

girafă

长颈鹿

acvilă

老鹰

porc mistreț

野猪

pește

鱼

broască țestoasă

龟

morsă

海象

vulpe

狐狸

gazelă

羚羊

fotbal american
橄榄球

ciclism
骑自行车

tenis
网球

basketball
篮球

înot
游泳

box
拳击

hockey pe gheață
冰球

fotbal

英式足球

badminton

羽毛球

atletism

田径

handbal

手球

schi

滑雪

polo

马球

a sări
跳

a îmbrățișa
拥抱

a râde
笑

a merge
走路

a cânta
唱

a visa
做梦

a se ruga
祈祷

a săruta
亲吻

a scrie
书写

a desena
画

a arăta
展示

a împinge
推

a da
给

a lua
拿

a avea

有

a face

做

a fi

当

a sta în picioare

站

a fugi

跑

a trage

拉

a arunca

扔

a cădea

摔倒

a sta întins

躺

a aștepta

等待

a purta

携带

a ședea

坐

a se îmbrăca

穿衣

a dormi

睡觉

a se trezi

醒来

a privi

看

a plânge

哭

a mângâia

抚摸

a se pieptăna

梳头

a vorbi

交谈

a înțelege

明白

a întreba

问

a asculta

听

a bea

喝

a mânca

吃

a face ordine

清理

a iubi

爱

a găti

做饭

a conduce

开车

a zbura

飞

a naviga

航行

a calcula

计算

a citi

读

a învăța

学习

a munci

工作

a se căsători

结婚

a coase

缝

a se spăla pe dinți

刷牙

a ucide

杀

a fuma

抽烟

a trimite

寄

bunică
祖母

bunic
祖父

tată
父亲

mamă
母亲

bebeluș
婴童

soră
女儿

fiu
儿子

oaspete

客人

mătușă

阿姨

unchi

叔叔

frate

兄弟

soră

姐妹

frunte
前额

ochi
眼睛

umăr
肩膀

deget
手指

față
脸

bărbie
下巴

mână
手

piept
乳房

picior
腿

braț
手臂

bebeluș

婴童

bărbat

男人

femeie

女人

fată

女孩

băiat

男孩

cap

头

spate

背部

abdomen

肚子

ombilic

肚脐

deget de la picior

脚趾

călcâi

脚后跟

os

骨头

șold

臀部

genunchi

膝盖

cot

手肘

nas

鼻子

fund

屁股

piele

皮肤

obraz

脸颊

ureche

耳朵

buză

嘴唇

gură

嘴

dinte

牙齿

limbă

舌头

creier

脑

inimă

心脏

mușchi

肌肉

plămân

肺

ficat

肝脏

stomac

胃

rinichi

肾脏

sex

性交

prezervativ

避孕套

ovul

卵子

spermă

精子

sarcină

怀孕

menstruație

月经

vagin

阴道

penis

阴茎

sprânceană

眉毛

păr

头发

gât

脖子

spital
医院

ambulanță
救护车

scaun cu rotile
轮椅

fractură
骨折

medic

医生

unitate de primiri urgențe

急诊室

soră medicală

护士

urgență

紧急情况

inconștient

昏迷

durere

痛

leziune

受伤

sângerare

出血

infarct miocardic

心脏病发作

atac cerebral

中风

alergie

过敏

tuse

咳嗽

febră

发烧

gripă

流感

diaree

腹泻

durere de cap

头痛

cancer

癌症

diabet

糖尿病

chirurg

外科医生

scalpel

手术刀

operație

手术

CT

CT

raze Röntgen

X光

ultrasunet

超声波

mască

口罩

boală

疾病

sală de aşteptare

候诊室

cârjă

拐杖

plasture

石膏

bandaj

绷带

injecţie

注射

stetoscop

听诊器

targă

担架

termometru

体温计

naştere

出生

supraponderabilitate

超重

aparat auditiv

助听器

dezinfectant

消毒液

infecție

感染

virus

病毒

HIV/SIDA

艾滋病

medicină

药物

vaccin

接种疫苗

tablete

药片

pastilă

药丸

apel de urgență

急救电话

aparat de măsurare a
presiunii arteriale

血压计

bolnav/sănătos

生病/健康

Ajutor!

救命！

alarmă

警报

agresiune

突击

atac

攻击

pericol

危险

ieșire de urgență

紧急出口

Foc!

着火啦！

extinctor

灭火器

accident

意外

trusă de prim-ajutor

急救箱

SOS

呼救信号

poliție

警察

Europa

欧洲

America de Nord

北美洲

America de Sud

南美洲

Africa

非洲

Asia

亚洲

Australia

澳洲

Altantic

大西洋

Pacific

太平洋

Oceanul Indian

印度洋

Oceanul Antarctic

南冰洋

Oceanul Arctic

北冰洋

Polul Nord

北极

Polul Sud

南极

Antarctica

南极洲

pământ

地球

țară

陆地

mare

海

insulă

岛

națiune

国家

stat

国家

cadran

钟面

orar

时针

minutar

分针

secundar

秒针

Cât e ceasul?

现在几点？

zi

天

timp

时间

acum

现在

cead digital

电子表

minut

分

oră

时

luni 周一 — MO

marți 周二 — TU

miercuri 周三 — W

joi 周四 — TH

vineri 周五 — FR

sâmbătă 周六 — SA

duminică 周日 — SO

ieri
昨天

azi
今天

mâine
明天

dimineață
早晨

amiază
中午

seară
晚上

zile lucrătoare
工作日

week-end
周末

ploaie
雨

curcubeu
彩虹

vânt
风

zăpadă
雪

primăvară
春

vară
夏

toamnă
秋

iarnă
冬

prognoză meteo

天气预报

termometru

温度计

lumina soarelui

阳光

nor

云

ceață

雾

umiditate a aerului

潮湿

fulger

闪电

tunet

打雷

furtună

风暴

grindină

冰雹

muson

季风

inundație

洪水

gheață

冰

ianuarie

一月

februarie

二月

martie

三月

aprilie

四月

mai

五月

iunie

六月

iulie

七月

august

八月

septembrie

九月

octombrie

十月

noiembrie

十一月

decembrie

十二月

forme

形状

cerc

圆形

pătrat

正方形

dreptunghi

长方形

triunghi

三角形

sferă

球体

cub

立方体

culori

颜色

alb

白

galben

黄

portocaliu

橙

roz

粉

roşu

红

violet

紫

albastru

蓝

verde

绿

maro

棕

gri

灰

negru

黑

mult/puțin

很多/少许

furios/calm

生气/平静

frumos/urât

美/丑

început/sfârșit

首/尾

mare/mic

大/小

luminos/întunecat

明/暗

frate/soră

兄弟/姐妹

curat/murdar

干净/肮脏

complet/incomplet

完整/缺失

zi/noapte

白天/晚上

mort/viu

死/生

lat/strâmt

宽/窄

comestibil/necomestibil

可食用/非食用

rău/prietenos

邪恶/善良

emoționat/plictisit

兴奋/无聊

gras/slab

胖/瘦

primul/ultimul

第一/最后

prieten/inamic

朋友/敌人

plin/gol

满/空

tare/moale

硬/软

greu/ușor

重/轻

foame/sete

饿/渴

bolnav/sănătos

生病/健康

ilegal/legal

非法/合法

inteligent/stupid

聪明/愚笨

stânga/dreapta

左/右

aproape/departe

近/远

nou/uzat

新/旧

nimic/ceva

没有/有些

bătrân/tânăr

老/幼

pornit/oprit

开/关

deschis/închis

打开/合上

încet/tare

安静/吵闹

bogat/sărac

富/穷

corect/fals

对/错

aspru/neted

粗糙/光滑

trist/fericit

伤心/高兴

lung/scurt

短/长

încet/repede

慢/快

ud/uscat

湿/干

cald/rece

温暖/凉爽

război/pace

战争/和平

cifre
数字

0

zero

零

1

unu

一

2

doi

二

3

trei

三

4

patru

四

5

cinci

五

6

șase

六

7

șapte

七

8

opt

八

9

nouă

九

10

zece

十

11

unsprezece

十一

12

douăsprezece

十二

13

treisprezece

十三

14

paisprezece

十四

15

cincisprezece

十五

16

șaisprezece

十六

17

șaptesprezece

十七

18

optsprezece

十八

19

nouăsprezece

十九

20

douăzeci

二十

100

o sută

百

1.000

o mie

千

1.000.000

un milion

百万

engleză

英语

engleză americană

美式英语

chineza mandarină

普通话

hindi

印地语

spaniolă

西班牙语

franceză

法语

arabă

阿拉伯语

rusă

俄语

protugheză

葡萄牙语

bengaleză

孟加拉语

germană

德语

japoneză

日语

eu

我

tu

你

el/ea

他/她/它

noi

我们

voi

你们

ea

他们

cine?

谁？

ce?

什么？

cum?

怎样？

unde?

哪里？

când?

什么时候？

nume

名字

unde

方位

în spate

后面

în

里面

înainte

前面

peste

上方

pe

上面

sub

下面

lângă

旁边

între

中间

loc

地点